DISCOURS
SUR LES CAUSES
ET LES EFFETS
DE LA
RÉVOLUTION FRANÇAISE.

DISCOURS

SUR LES CAUSES

ET LES EFFETS

DE LA

RÉVOLUTION FRANÇAISE,

Prêché le 21 avril 1816 dans l'Eglise St.-Cannat, en faveur des Marseillais blessés à l'affaire de la Saulce, dans la mémorable campagne de S. A. R. Monseigneur le Duc d'Angoulême ;

PAR M.^r L'ABBÉ DE BONNEVIE,
Chanoine de Lyon ;

DÉDIÉ à la Garde Nationale de Marseille, imprimé à sa demande, à ses frais et au profit des victimes de la fidélité.

A MARSEILLE,

De l'Imprimerie de ROUX-RAMBERT, rue de la Salle, n.º 19.

1816.

DISCOURS

SUR LES CAUSES

ET LES EFFETS

DE LA RÉVOLUTION FRANÇAISE.

>Justitia elevat gentes, miseros autem facit peccatum.
>La justice est la grandeur des nations, et le péché en est le fléau. Prov. 14. v. 34.

UN chrétien, et un français, malheureux pour la cause de l'autel et du trône, est le premier orphelin de la religion et de la patrie : voilà, Messieurs, l'objet de la cérémonie vraiment française et vraiment chrétienne, qui nous rassemble dans ce temple ; voilà le touchant motif de cet appel à tous les sentimens généreux qui vous distinguent.

Eh ! que n'a-t-on pas le droit d'attendre d'une cité miséricordieuse, où il suffit d'indiquer une œuvre utile pour qu'elle soit faite, où plaire à Dieu et au Roi est le vœu unique, et qui regarde, comme sa famille adoptive, les victimes de la fidélité et du courage ? Que n'a-t-on pas le droit d'attendre de ce chevalier sans peur et sans reproche (1), dont la modestie repousserait des louanges que lui seul pourtant serait étonné d'entendre ; de cet administrateur (2) que Louis XVIII vous a donné comme un garant précieux de son estime, et dont une province toute entière bénit la sagesse, la vigilance et la justice ; de ce magistrat aimable et éclairé (3), qui relève par tant de mérites ses fonctions paternelles ; de cette garde (4), l'orgueil de ses chefs, comme ils en sont les modèles, rempart vivant de l'ordre, phalange citoyenne, dans laquelle l'autorité est un bonheur et l'obéissance un plaisir ; de ce guerrier d'élite (5) comme sa légion, d'un nom illustre dans les annales de la gloire solide, et que le grand siècle a immortalisé ?

Que n'a-t-on pas le droit d'attendre de ces ministres des lois, défenseurs de la morale, tuteurs de la faiblesse et protecteurs de l'innocence ; de ce tribunal renommé dans toute l'Europe, dont l'intégrité est la balance, la délicatesse et l'équité les poids, et la confiance le salaire ; de ces rigides et affables conservateurs de la santé publique, dont l'étranger surpris respecte le désintéressement, les

___

(1) M. le baron de Damas, lieutenant-général, commandant la huitième division militaire.
(2) M. le comte de Villeneuve, préfet.
(3) M. le marquis de Montgrand, maire.
(4) La Garde urbaine.
(5) M. de Colbert, marquis de Seignelai, colonel.

services et les lumières ; de ces juges bienfaisans dont la prudence réalise le titre, médiateurs incorruptibles dont la législation est patriarchale, pacificateurs scrupuleux dont les sentences sont de bonnes actions; de ces premiers amis de votre jeunesse, de ces instituteurs sans tache, dont l'amour pour la légitimité égale la haine pour la tyrannie ?

Que n'a-t-on pas le droit d'attendre de tous les habitans de *l'excellente* Marseille, qu'on a vue, au jour de l'invasion, se précipitant autour du diadême de St.-Louis, retenant le sceptre de clémence qu'on voulait arracher à son descendant, repoussant l'homme de mensonge de ses vœux et de ses armes; s'isolant de la rebellion par des miracles de dévoûment, anathématisant le parjure, se groupant autour du héros qui, avec ses intrépides lieutenans, a conquis, dans une campagne de quelques jours, l'admiration des âges futurs ? Que n'a-t-on pas le droit d'attendre de ces royalistes francs, dont les bras robustes auraient abattu le géant du mal, si la perfidie ne les eût pas enchaînés; de ces femmes fortes de leur indignation et de leur conscience, qui l'auraient refoulé au flot qui l'apporta, sans l'inconcevable déloyauté qui arrêta leur essor ? Enfin, que n'a-t-on pas le droit d'attendre d'un sexe pieux et sensible, qui animait la bravoure elle-même, ou qui, agenouillé dans nos sanctuaires, faisait violence au ciel par sa douleur, ou qui accueillait de ses hospitalières offrandes le soldat resté ferme au chemin du devoir, avec le panache d'Henri IV ?

Oui, Messieurs, que n'a-t-on pas le droit d'attendre de tous ceux qui m'écoutent, en faveur de ces braves, couverts de mutilations glorieuses aux champs de l'honneur ? Les palmes de la vaillance ne seraient-elles arrosées que des larmes de la misère ? Hélas ! la plus déplorable des calamités a tellement élargi nos blessures, que le cœur-même du Roi ne saurait les fermer en un jour ! Son cœur les donne à vos cœurs, ces nobles infirmes, dont les éloquentes cicatrices réclament votre humanité; il vous recommande les compagnons de vos fils, les frères d'armes de vos proches ; tous ont partagé les mêmes périls, servi pour les mêmes intérêts, combattu sous les mêmes drapeaux, moissonné les mêmes lauriers. Souffrirez-vous que leurs épouses ou leurs enfans aillent, comme des ombres accusatrices, mendier le pain de l'indigence ? Vous devez, Messieurs, un autre hommage aux martyrs de la royauté ; vous devez entretenir, par vos largesses, le feu sacré de la persévérance, qui s'éteindrait dans les glaçantes humiliations du besoin ; la charité est l'âme des états et la santé des nations. O France ! avec la charité, tu n'aurais pas subi les longues épreuves d'une révolution écrite dans l'ignoble et stupide despotisme de nos premiers tyrans, sur le sceptre de fer d'un insensé, dans la désolation de notre beau pays; d'une révolution où la foi et la morale ont reçu, en quelque sorte, de nos vertus et de nos crimes, une nouvelle force et une sanction nouvelle; d'une révolution où l'on arriva à ce qui ne devait pas être, en méprisant tout ce qui était; d'une révolution, enfin, dont les causes et les effets seront le partage de ce discours.

O Bossuet! c'est à votre génie qu'il appartiendrait de donner la vie à ce tableau, de parler de celui qui se joue et des monarques et des nations, et de la paix et de la guerre, et du calme et de la tempête, et du présent et de l'avenir, pour lequel les révolutions sont des moyens, et qui emploie les révolutions à l'accomplissement de ses œuvres; c'est à l'éloquence de votre indignation qu'il appartiendrait de peindre les fureurs de l'impiété, les égaremens de la révolte, les attentats de la licence, les abominations de l'anarchie; c'est aux *soudaines illuminations* de votre zèle qu'il appartiendrait de prouver que l'expiation la plus digne du ciel, est d'obéir à ses impénétrables secrets !

Accordez à ma faiblesse, je vous en prie, ce qu'un sujet si vaste et si important demande d'indulgence et d'attention, et implorez pour moi et avec moi les lumières de l'Esprit Saint, par l'intercession de la divine protectrice de la France.
A. M.

PREMIÈRE PARTIE.

Vous le savez, Messieurs, la fin du dernier siècle a été marquée par des agitations bien étranges : on se demandait alors à soi-même, et on se demande encore aujourd'hui, comment l'aînée des nations chrétiennes était devenue si différente d'elle-même, comment la plus illustre portion de l'église catholique avait laissé obscurcir sa gloire, comment ils s'étaient écroulés les fondemens de la plus brillante des monarchies. On a interrogé les causes de ce bouleversement sans exemple; on a étudié quels esprits malfaisans avaient creusé le sépulchre de tant de victimes, et couvert de décombres la terre où nous survivons : ô aveuglement incompréhensible! c'étaient l'impiété et l'immoralité, fléaux historiques des autels et des trônes.

O tems regrettables de nos bons aïeux! alors on aimait son Dieu, son Roi, son Pasteur, sa famille. Le respect des saines croyances, l'érudition du catéchisme, des mœurs patriarchales, la probité pour rempart de leurs champs, des cœurs francs et généreux, la ponctualité dans les observances du culte, un amour solide pour leurs enfans, qui entendaient parler du ciel dès leur berceau, l'ignorance des arts futiles : oh! Messieurs, il n'y avait point alors de révolution! Epoque fortunée, où le sacerdoce se liait à tous les souvenirs, à tous les besoins, à toutes les institutions, et justifiait la confiance par la double autorité des vertus et des lumières; où les guerriers étaient vrais comme la religion, purs comme l'honneur, incorruptibles comme la loyauté, aimables comme la franchise et braves comme leur épée; où la magistrature, *ce retenail de l'obéissance des peuples*, avait son code de gloire, ses rides vénérables, le trésor de ses traditions et de ses services; où le christianisme était le bouclier commun du monarque et des sujets; où on marchait à la clarté de sa morale, sans vouloir pénétrer la sainte obscurité de ses mystères, où toutes les actions de la vie étaient pesées dans la balance de l'Evangile, où l'on ne se bornait pas au présent qui n'est déjà plus quand on le nomme; où les cœurs étaient assez vastes pour renfermer la magnificence des promesses divines; où les pilotes qui gouvernaient le vaisseau de l'état savaient l'art de diriger les orages, parce que leur conscience en était exempte ! Ah ! Messieurs, redevenons ce qu'étaient nos pères; que la terre s'unisse au ciel, que les deux patries se touchent; ayons les yeux attachés au diadême de S^t. Louis et au diadême de Louis XVIII; que l'intervalle soit rempli des actes de notre dévoûment et de notre amour, et la France est sauvée; elle sera encore l'admiration et la jalousie de l'Europe, comme elle en a été la pitié et l'effroi.

Soyons chrétiens et français : notre ancre de salut tient au rocher de la foi, et à ce trône si long-tems le jouet des tempêtes. Soyons chrétiens et français : ils reviendront à nous ces missionnaires de troubles, ces rêveurs de systèmes dangereux comme leur activité, ces frondeurs de nos vieilles coutumes, qui couraient de démolitions en démolitions comme de victoires en victoires, hasardant la destinée des peuples sur la vanité de leurs assertions et la caducité de leurs garanties. Soyons chrétiens et français : que les passions se mutinent et grondent; une main infaillible a gravé cette inscription : *vous viendrez jusqu'ici et vous n'irez pas plus loin*. Et cette main, Messieurs, c'est la main du grand Dieu qui submerge et qui délivre. Soyons chrétiens et français : Dieu et le Roi, la foi et la fidélité, la religion et l'honneur : Enfin, que toute la France soit marseillaise et la France est sauvée. Gloire à Dieu et vive le Roi.

Vous le remarquez, Messieurs, j'arrive lentement à la source de nos malheurs : il est si pénible de révéler des scandales et des crimes ! Cependant, il faut le dire, depuis un grand nombre d'années circulaient dans les livres, dans les entretiens, dans toutes les conditions, je ne sais quel mal-aise inquiet, quel goût d'indépendance séditieuse, quelle lassitude du présent, observés par les français judicieux : les réformateurs se confiaient en l'attrait de leurs nouveautés, dans l'imprévoyance des grands, dans la connivence des lettres, qui, autrefois si humaines et si amies de l'ordre, enivraient le peuple de chimériques espérances, déshéritaient la religion de ses priviléges, régentaient les couronnes au nom de la liberté ! Leurs chefs ne sont que trop fameux : l'un, d'abord errant et inconnu, apparaît dans la carrière de l'éloquence, comme un météore sinistre dont les premières lueurs jettent l'épouvante d'un incendie, attaque les trônes avec la faulx tranchante de l'égalité, sème les paradoxes pour moissonner des louanges, trompe un sexe fragile par un mélange adultère de vices brillans et de vertus sublimes, endoctrine l'amour maternel, outrage la nature ; et le père, qui envoyait ses enfans à l'hôpital, demande des statues comme philosophe : l'autre, qui a obtenu, par l'habileté de sa tactique, de si funestes triomphes, tantôt faisant de l'impiété le fonds-même de ses ouvrages, tantôt l'insinuant en des romans obscènes, et surtout dans ce poëme dont le nom seul est une injure aux bonnes mœurs ; avec les esprits graves adoptant le ton sérieux de la méthode et de la discussion, réservant les sarcasmes ingénieux pour les esprits frivoles, et le ridicule pour la vanité qui a peur de ses traits; travaillant ses succès avec des calomnies et des blasphêmes; empruntant tous les masques, toutes les formes, tous les langages, et recevant, de ses lecteurs ébahis, le titre d'incomparable.

Oui, Messieurs, c'est l'impiété, la calamité suprême des nations, qui a bien le droit de s'écrier chez nous qu'elle règne en des lieux ravagés par ses mains; c'est elle qui a enfanté cette légion de faux docteurs, qui s'emparèrent de la France comme d'un bien de conquête, et lancèrent contre elle les tigres de la philantropie; c'est elle qui a crayonné les manifestes anticipés de l'anarchie, étouffé tous les scrupules, ébranlé toutes les digues; c'est elle qui a rendu la conscience raisonneuse, et substitué des règles arbitraires à des devoirs qu'on observait par sentiment; qui, avec des sophismes à l'usage des passions, a introduit ce scepticisme présomptueux qui conduit à de pires égaremens que l'ignorance, avili ce que la sagesse des siècles avait consacré, préparé le désordre des états par le désordre des imaginations, et l'emancipation des cœurs par l'emancipation des esprits; c'est elle qui a poussé à tous les excès la légéreté d'une nation impétueuse et ardente; c'est elle qui, par un genre de folie jusqu'alors inconnu, avait entrepris de régénérer le peuple par le sacrilége, le discutant, le motivant, le préconisant sans réticence. L'impiété est donc l'alliée inséparable des méchans, et l'ennemie irréconciliable des bons; elle avait calculé depuis long-tems l'éruption de ses volcans et de ses mines; et arrangé ces doctes ébranlemens qu'elle appelait ses résultats : les preuves en sont écrites dans leurs livres.

Ligue redoutable, déployant l'étendard de l'insurrection contre le ciel et contre les Rois, accablant le pauvre de ses doutes, et frustrant sa misère des indemnités futures! Les barbares, ils ont eu l'inconcevable hardiesse de prêcher les axiômes du matérialisme; ils ont dit qu'il n'était qu'un être de raison, cet être, l'auteur, le moteur, le bienfaiteur de tous les êtres, cet être dont la nature entière est le témoignage en action; ils ont dit qu'il n'y avait point d'autre vie, élargissant ainsi le gouffre de l'indépendance. Et ce n'est pas goutte à goutte qu'ils versaient les eaux pernicieuses de l'erreur, ce n'est pas dans des canaux souterrains; c'est un torrent de satires amères et d'injurieuses diatribes, auquel notre jeunesse séduite venait boire et se perdre. Jeunesse française, nous vous en prions à mains jointes, confrontez une fois la religion de Jésus-Christ avec la philosophie de nos jours. Voyez la religion de Jésus-Christ simple, patiente et courageuse, n'ayant que sa croix pour défense, tirant sa force des leçons qu'elle donne et des épreuves auxquelles elle est soumise; voyez l'incrédulité au front hautain, souriant à ses progrès et à elle-même, dissimulant l'embarras d'une origine suspecte sous le vain étalage de ses maximes pompeuses. La première assure la volonté divine pour sanction aux devoirs, et, par la grandeur de ses espérances, fait les âmes les plus communes capables des plus hautes actions ; la seconde vomit contre la société toutes les passions, énerve les âmes les plus nobles et brise l'unique ressort qui excite aux dévoûmens généreux. Les livres de celle-là recommandent l'équité, la fidélité, la bonté : c'est un code de paix et de bonheur ; les livres de celle-ci ne sont que le recueil des plus humiliantes bévues et des plus étranges déclamations : c'est un code de guerre et de malheur. Jeunesse française c'est encore la religion de J. C. qui confirme le principe nécessaire de la légitimité. Ce principe n'est pas une illusion qui craigne le grand jour ; ce principe jouit de toute sa force où la religion conserve son empire. La religion ne place-t-elle pas dans le ciel le berceau de l'autorité des princes ? Les réformateurs l'ont méconnu ce dogme essentiel ; ils ont osé y déroger et y substituer des abstractions idéales et des contrats énigmatiques ! Ils ont fait des dupes ; ont-ils fait des heureux ? Quels ont été les produits de cette nouvelle école ? A quoi ont abouti ses efforts, pour rompre le nœud qui attache au trône d'en haut les trônes d'ici bas ? O nations ! tremblez au souvenir des douleurs qui châtient les fastueuses pensées : *ecce adducam mala super populum istum, fructum cogitationis ejus.*

Pouvait-on étudier les devoirs qui rendent les peuples fidèles, dans ces lourdes compilations où l'insipidité de la forme ne sert pas même d'antidote contre la licence du fonds, où l'un, pour s'être mis aux gages de la délirante idolatrie, usurpe le nom de savant, et croit le justifier par des jactances; où l'autre appelle l'histoire, qu'il dénature, au secours de sa mauvaise foi, débitant, au prix le plus élevé, ses impostures vénales; dans ces indigestes fatras, rapsodies hideuses laborieusement exhumées et couvertes des lambeaux poudreux d'une érudition qui tombe au premier souffle; dans les inépuisables sarcasmes d'un écrivain, hélas! au dessus des autres par l'éminence des talens, l'ascendant de la réputation et la perfidie des moyens, dont le but semble avoir été de frapper à-la-fois des deux mains sur les mœurs et sur la religion, appuis uniques de la société, qui ne voyage sur la terre que pour aller chercher son établissement dans le ciel; dans cette bigarrure encyclopédique, où chaque article n'est qu'un résumé insidieux de toutes les opinions dangereuses, où l'incrédulité se montre sans retenue et sans pudeur; colossal boulevard, sous la masse duquel les ennemis de l'ordre étaient enhardis par le nombre des complices, monument d'opprobre commencé avec toute l'adresse que peut donner la haine du bien, continué avec toute l'ardeur que peut donner l'amour du mal, achevé par la médiocrité et par l'avarice, et qui finit par la confusion des langues. Pères et mères, il est un saint et noble monument de la royauté aux prises avec l'infortune : vous le connaissez ce testament où tant de raison accompagne tant de magnanimité; que vos enfans le lisent et le relisent: ils seront tous bons chrétiens et bons français.

Pouvait-on se former aux vertus qui rendent les peuples heureux, dans ces dictionnaires d'athéisme, où un homme ment avec la pleine certitude qu'on ne le croira pas, inventant ce qu'il ne trouve point, falsifiant ce qu'il trouve, et se glorifiant du cynisme de l'infamie; dans ces manuels de démence, où un fourbe entasse pêle-mêle des noms aussi éloignés les uns des autres, que la lumière l'est des ténèbres et le ciel des enfers? Prôneur du néant, sans autre apprêt qu'une niaise audace, dont les découvertes sont des mensonges et les témoignages des inepties, en sorte qu'il n'est guère possible de décider s'il choque davantage le bon sens ou le bon goût, ou si c'est plus d'ennui ou plus d'horreur qu'il inspire; déclamateur forcené, qui, même dans ses intervalles lucides, se contredit jusqu'à l'extravagance, et, dans ses accès de fièvre irréligieuse, provoque l'adorable médiateur qui a conquis le monde, en même tems qu'il l'a sauvé! Tels étaient, Messieurs, les vils histrions, dans le cerveau desquels a germé l'inénarrable révolution de nos jours : s'il n'y a point de Dieu, il n'y a plus de frein. La multitude, dressée à la commode doctrine du néant, se perfectionne bientôt dans l'art des crimes ; et ce char qui a écrasé tant de têtes, n'aurait-on pas le droit d'articuler qu'il a été formé de tous ces cartons pétris dans la boue ? Plus d'une fois, les vrais sages, sentinelles ordinaires de la religion et de l'état, avaient jeté le cri d'alarme : mais on accusait leur zèle d'exaltation ou d'intolérance ; plus d'une fois, du haut des chaires de la vérité, des trompettes prophétiques avaient sonné l'avenir et désigné l'ennemi ; mais on dormait sur les bords du précipice, et un aveuglement pénal fermait les yeux à l'évidence des symptômes ; le camp était envahi, avant qu'on eût songé à se défendre ; une foule de transfuges était allé grossir les bandes déjà accoutumées à vaincre ; et le trône capitulera : mais l'autel, assis sur la pierre ferme, défiera tous les assauts, grâces au ciel, qui combat pour lui et avec lui contre l'impiété et l'immoralité.

Car, l'une et l'autre avaient uni leurs forces, et une étroite alliance, ou plutôt une monstrueuse liaison de famille rendait leurs intérêts communs. L'immoralité rivalisait d'acharnement avec l'impiété, pour repaître bientôt leurs yeux du grand deuil de la France, après l'avoir amenée à ce degré de corruption d'où l'on ne se relève plus, où tout retour vers le bien semble fermé, où il ne reste d'espoir de salut à une nation, que dans quelque crise violente qui l'épure miraculeusement, et la rajeunisse dans un déluge de maux. Vétérans du christianisme et de la royauté, je m'en rapporte à l'amertume de vos souvenirs; n'avons-nous pas été les tristes témoins de notre dégradation calculée ? Ne recherchions-nous pas, sans la trouver, la trace de la rigidité des anciennes mœurs ? Ne gémissions-nous pas, dans la confidence de nos entretiens, sur les suites prochaines et inévitables d'une décadence si fatale ? Nous disions que nos ancêtres se reconnaîtraient à peine dans leurs descendans ; nous lisions, avec les yeux de la prévoyance, les signes avant-coureurs d'un bouleversement qui nous glaçait d'effroi; nous invoquions le Dieu de nos pères ; il était sourd à nos supplications : nous entendions la foudre qui commençait à gronder dans les profondeurs éternelles; et les premiers coups de la verge divine se faisaient sentir à la France dégénérée. Aussi, Messieurs, quelles opinions! quelles mœurs et quelles ténèbres! O immoralité! tes ravages ont été plus grands que ceux de la peste.

Partout, l'oubli des bienséances, la violation des lois conjugales, l'effronterie qui tend des pièges à l'innocence jusques dans nos temples ; de petits travaux, de petits objets, de petits événemens et en même tems de grandes intrigues, de grandes injustices, de grandes bassesses ; l'apologie de tous les vices, la diffamation de tous les devoirs, l'apothéose de tous les crimes ; les jeunes gens aguerris contre la remontrance et des vieillards blanchis dans la débauche ; le sexe, dont la pudeur est la grâce, qui y renonce lui-même avec une imperturbabilité qui déconcerte ; le théâtre où l'on court, parce qu'il est le rendez-vous de toutes les séductions ; la religion condamnée aux froideurs de l'indifférence, ou aux railleries du libertinage ; des spéculations lucratives jusques sur la vertu et sur la bienfaisance ; une indocilité d'esprit qui n'estime que ses propres conceptions ; un orgueil sans frein, qui ne veut rien voir au dessus de lui, et rejète ce qu'il ne peut comprendre ; la témérité des paradoxes ; l'égoïsme qui éteint les flammes de la charité, le suicide qui raisonne ses fureurs, le luxe qui dévore les cités, et le caractère national qui se fond dans l'impudicité, dans l'iniquité, dans la cupidité ! Est-ce que, dans l'ordre de la Providence, il ne devait pas y avoir un dénoûment aussi terrible qu'instructif, à cette défection presque générale d'un peuple qui avait sous les yeux les plus hautes leçons et les plus beaux exemples ?

Voilà donc comme la France était reconnaissante des faveurs du ciel ! Elle, qui en était le royaume privilégié, acquittait donc ainsi sa dette par des outrages! Elle occupait le premier rang parmi les nations, et elle en descend elle-même par la renommée de ses vices! Ah! je ne m'étonne plus que le ciel l'abandonne. Ils arrivent les jours marqués dans sa colère : laisserait-il impunis, Messieurs, ces appels à la révolte contre le meilleur des princes, son représentant, son ministre et son image, ces provocations séditieuses contre la bonté couronnée, ces premiers essais de la haine contre un Roi si digne de commander à une nation, autrefois si douce, si polie et si aimante? Eh! quel reproche avait-il donc encouru? Quel Roi, parmi ceux qui ont vengé sa mort trop tard, possédait, dans un degré plus éminent, cet amour du vrai, cette pureté de mœurs, cette inaltérable probité, cette franchise d'une belle âme, si rare dans les cours? O France! a-t-il dévasté tes campagnes, incendié tes maisons, arraché les enfans à leurs mères, répandu ton sang? Il aimait tous les Français, comme s'il n'avait été l'ami que d'un seul, confiait aux arts les inspirations de son estime et de sa justice, faisait descendre la vertu sur le marbre, animait sur la toile les traits de l'héroïsme, ressuscitant en quelque sorte les morts, pour être encore la leçon des vivans. On pourrait peindre le règne entier de ce prince, en disant qu'il ne s'est jamais servi de son pouvoir, que pour empêcher qu'on connût ses bienfaits. Le plaisir d'une bonne action, même obscure, était intelligible à son cœur; bien différent de cet homme qui ne comprenait rien sans bruit, sans pompe et sans trophées. Louis XVI était le Roi des pauvres. Attaquer le trône d'un tel Roi, n'était-ce pas attaquer le trône de Dieu-même? Ainsi l'impiété et l'immoralité préludaient au plus horrible des parricides; ainsi la France se laissait entraîner à tous les genres de calamités et d'opprobres; ainsi l'imprudente sommeillait, bercée par ses flatteurs: mais quel reveil! Nation infortunée, écoute, s'il en est tems encore, les arrêts de ton grand juge:

Depuis un demi-siècle, l'impiété et l'immoralité ont choisi leur Dieu pour objet de leur aversion; les disciples de mes odieuses rivales voulaient escalader le ciel où je règne, pour asservir la terre où ils voudraient régner: ai-je assez supporté leur superbe démence? N'ai-je pas châtié Achab et Pharaon? N'ai-je pas à mes ordres et l'extermination, et le sang, et les larmes, et le tourbillon qui emporte comme une feuille légère tout ce qu'on lui oppose: que l'univers tremble à la vue d'un royaume qui va exercer contre lui sa propre rage. Peuple léger, tu seras broyé dans le mortier des tribulations; j'enchaînerai les bons, je déchaînerai les méchans; j'armerai les bras de la scélératesse; tu auras des anarchistes pour gouvernans; ce ne sera pas trop du sang le plus pur et le plus beau pour laver ton ingratitude : un vaste filet sera tendu sur trente millions d'hommes, et ils chanteront l'hymne de la liberté ; sous la tyrannie d'une espèce d'africain, tu arriveras à la perfection de la servitude ; ta jeunesse sera vendue et achetée comme du bétail ; la guerre moissonnera tes enfans comme la faucille moissonne les épis ; on verra ce qu'on n'avait jamais vu, on entendra ce qu'on n'avait jamais entendu, on sentira ce qu'on n'avait jamais senti : et on reconnaîtra celui qui donne la vie et la mort.

Peuple aveugle, qui souriais aux causes, au moins répens-toi au fracas de leurs effets.

SECONDE PARTIE.

Mon unique but, en racontant les lamentables effets d'une révolution qui a mis la France à deux doigts de sa perte, est de la prémunir contre l'attrait et le danger des systèmes, de la ramener autour de l'étendard sacré de la foi et de l'étendard légitime de la monarchie, de fonder le retour de la paix sur les conséquences de nos tristes dissentions, de constater l'expérience qui refuse à la multitude le pouvoir de se gouverner elle-même, et le besoin qu'elle a d'être régie par une sagesse éprouvée ; de consacrer la voix de nos souffrances au bonheur de l'avenir, de rappeler au grand comme au faible, au riche comme au pauvre, qu'un Roi, père de ses sujets, vaut mieux qu'un chef entreprenant, dont la dévorante activité s'alimente du mal qu'il cause, et qui poursuit la chimère de la gloire sur des montagnes de cadavres; de convaincre l'obstination que le repos véritable est à l'ombre d'un trône affermi par les siècles, tandis qu'il n'y a qu'agitation et inquiétude autour d'un trône usurpé, même par la victoire; d'articuler franchement que les bonnes lois se font dans la méditation des consciences sans reproche, et dans la vertueuse réunion des gens de bien; qu'il ne faut point à un état du merveilleux, mais de l'utile; que la félicité publique se compose des sentimens honnêtes, des idées élevées, des actions généreuses et de l'accord de la religion avec la morale.

Que devait-on attendre, Messieurs, des comices d'une nation que l'immoralité et l'impiété avaient imbibée de leurs venins? Des débats tumultueux, des opinions discordantes, de lâches manœuvres, des adulations perfides, les lieux communs de la popularité et les luttes indécentes de la déraison contre la justice, une table rase dont nos géomètres politiques croient avoir uni la surface, et sur laquelle ils ont dessiné le tableau de leur gouvernement sans foi et sans Roi; un assemblage incohérent de ressorts et de frottemens, de moyens et d'obstacles, de rivalités et de conjurations; une charte sans modèle, qui réalise tous les genres de tyrannies : aussi, malgré les sacrifices héroïques de son Roi, que devient la France? Des principes nouveaux, de nouvelles mœurs, de nouvelles habitudes, le présent qui se détache du passé, des remèdes violens et extrêmes envenimant les plaies de l'état, le sang de la fidélité coulant sous les yeux de nos maîtres, dans le palais de leurs aïeux, et rejaillissant jusques sur la fille des Césars: la douleur errante autour de nos temples déserts, les offrandes de la piété ravies à l'Eglise, propriétaire plus ancienne que la monarchie; des marteaux sacriléges brisant les vases du sanctuaire; le sacerdoce placé entre l'apostasie et le besoin; un Roi héritier de soixante-cinq Rois, dont plusieurs nous montrent, inscrits sur leurs diadêmes, les titres de saint, de grand et de bon; un Roi dont le nom était mêlé, dans nos cérémonies, aux invocations de l'amour, dans nos fêtes aux acclamations de la joie, dans nos tribunaux aux oracles de la loi, dans nos armées aux chants de la victoire, ou aux bénédictions de la paix; un Roi à la voix duquel une marine formidable était sortie comme du néant, qui avait reculé les vagues de l'Océan, devant les ports construits dans son sein, et enrichi de fertiles canaux l'agriculture et le commerce; un Roi qui avait aboli la servitude, adouci le code pénal, ouvert des manufactures, des ateliers, des hospices, à l'industrie, à l'indigence, à l'infirmité; un Roi dont naguères on mendiait les faveurs à genoux..... maintenant en butte aux dérisions brutales d'une race d'écrivains qui pullulèrent alors, aussi nombreux que les sauterelles d'Egypte!

Que devait-on attendre de ces infatigables libellistes, se précipitant dans la route des exagérations, qui, chez une nation mobile, est presque toujours la route des succès; de ces têtes perdues dans une nuée de sottises, la jurisprudence à la mode; de cette troupe de législateurs, bâtissant des édifices de verre, sous le titre de constitutions, et vendant le repos du monde à la fureur des brochures? Ce qu'on devait en attendre! A force de répéter que tout devait être neuf, qu'il fallait donner une nouvelle édition de l'esprit humain; elle parut cette édition, et ce n'est pas avec de l'encre qu'elle fut écrite. Ce qu'on devait en attendre! Toutes les bornes renversées, la ligne du bien et du mal disparue, des hommes qui s'emparent de la réputation du crime pour en avoir une, la licence qui a ses hérauts gagés et l'athéisme ses crieurs publics; le patrimoine de l'orphelin mis à l'encan par l'agiotage, la discorde qui secoue ses torches, la France veuve de ses plus illustres habitans, le citoyen tremblant dans ses foyers; des atrocités dégoûtantes et de hideuses vanteries; les consolations de la vertu achetées au péril de ses jours ; la pudeur aux abois, forcée de cacher ses larmes comme un délit, et les objets de son culte comme un larcin ; l'amour de la patrie qui consiste à la déchirer, la grandeur d'âme à fouler aux pieds les droits de la nature, la sensibilité à n'avoir plus de famille ; Dieu exilé des écoles de l'enfance, comme des tabernacles de sa miséricorde ; les pères déshonorés par leurs enfans, les enfans déshonorés par leurs pères, la France corrompue dans son germe ; ce ruisseau, voisin de sa source, dont il est si nécessaire de diriger le cours, égaré dans la fange. Voilà donc les fruits de la belle régénération qui nous était promise !

Que devait-on attendre d'une population de souverains arrachés à l'obéissance et au travail, appelés à l'égalité et à la domination, par des empoisonneurs qui se mettent en alliance avec les méchans de tous les pays, enrôlent sous leurs drapeaux les hommes flétris ou ruinés, les femmes sans pudeur, les ambitieux sans talens, et joignent le fanatisme de la parole au fanatisme du crime ? Ce qu'on devait en attendre ! Préparez alors le tombeau de la société ; sa dernière heure approche. Que devait-on attendre de ces factions éphémères jurant des lois impérissables abrogées au bout d'un jour, exigeant pour leurs décrets d'hier la soumission qu'elles refusent aux éternels décrets de la nature, s'accusant tour-à-tour au milieu des sermens de la fraternité, aspirant chacune à la gloire des Solon et des Charlemagne, se disputant d'inconséquence et de barbarie; aussi féroces dans leurs vengeances qu'aveugles dans leurs applanissemens; vantant le désintéressement et la modération dans les raffinemens du luxe et les profusions de la vanité; ayant pour sceptre un poignard et des serpens pour diadême; soldant l'assassinat de tout ce qui porte une couronne, et chantant, dans leurs orgies : *périssent tous les Rois* ? Ce qu'on devait en attendre ! La terreur qui hurle en échos lugubres, la destruction et la mort. Que devait-on attendre de ces archives de la bêtise insolente, où l'on ne sait lequel est le plus vil, du narrateur ou de ses héros; où la scélératesse, habillée des guenilles de la philosophie, proclame ses victoires et raille ses victimes? Ce qu'on devait en attendre ! un trésor de sang et de larmes, de dépouilles et de ruines. Que devait-on attendre de ce *pandemonium* conventionnel, où la religion, l'église, la monarchie, la vertu se trouvèrent en présence de la grossièreté triviale, de la démence systématique et de la cruauté réfléchie ? Ce qu'on devait en attendre ! le régicide, la guerre civile, la guerre étrangère, le despotisme : *ecce adducam etc.*

O 21 janvier ! auquel nous devons la plus belle page de l'histoire de la charité, et la plus terrible des lectures pour les mauvaises consciences; mais que le soleil n'éclaira qu'à regret, où s'éclipsèrent notre antique loyauté, notre antique fidélité, notre antique piété; où la France semblait être descendue toute entière à l'abîme du mépris! Que dis-je, la France? Non, non, ce n'est pas la France qui a immolé son Roi : sa stupeur et sa consternation furent presque universelles. Non, non, ce n'est pas la capitale qui a immolé son Roi : elle fut immobile d'effroi et de désespoir. Combien ses habitans ont frémi, en entendant le roulement prolongé du char funèbre! Combien ils ont frémi plus encore, en cessant de l'entendre, mesurant le tems et l'espace, tressaillant à chaque minute, éclatant en sanglots, et perdant l'usage de leur raison ou de leurs sens!...... Non, non, ce n'est point l'armée qui a immolé son Roi : elle essuyait alors les larmes de sa douleur avec les lauriers de sa gloire, qui depuis ...... C'est l'impiété et l'immoralité, qui, dans le vertige de la haine, décernaient le nom de tyran au héros de la patience, au plus débonnaire des Rois, dans les veines duquel coulait le sang de ce Stanislas à jamais béni dans une province à jamais reconnaissante; de cette Marie, sainte dans le palais de Versailles, comme dans la solitude de Veissembourg; de ce Louis XV, ce maître si aimable et si bon, qui expia à sa mort les erreurs de sa vie; de cette Henriette, mûre pour le ciel dès son enfance ; de cette Louise, qui échange contre l'indigence du cloître la magnificence de la cour ; de cette Adélaïde et de cette Victoire qui exerçaient, avec tant de charme, la puissance des bienfaits ; de ce Dauphin, qui, à la clarté du flambeau de la religion et de l'histoire, avait tant de fois signalé l'ouragan qui menaçait l'héritage des Bourbons et le beau royaume de France.

O 21 janvier ! que nous voudrions pouvoir effacer de nos annales, aucune éloquence n'est en mesure avec toi : quelle agitation et quel calme ! quelle perversité et quelle douceur ! quelle ingratitude et quel courage ! Oui, toute la morale de l'Évangile est dans les instans suprêmes de mon Roi. Enfin, il a lui le jour funèbre où va disparaître un règne de bonnes actions ; l'impiété et l'immoralité triomphent : c'est leur ouvrage. Déjà les environs du Temple retentissent du bruit des armes ; Louis XVI écoute avec le confident de ses dernières pensées : *il y a apparence qu'ils approchent*, dit-il. Père tendre, époux sensible, frère chéri, il se dérobe à sa famille ; sa famille est dans son cœur et sa vie dans sa conscience. On entre ; *attendez*, dit le Roi avec autorité, *dans quelques momens je suis à vous*. Il se jette aux pieds de son dernier ami, qui est un prêtre, et quel prêtre ! *Donnez-moi votre dernière bénédiction, et priez Dieu qu'il me soutienne jusqu'à la fin.* Le Roi se relève, s'avance vers les satellites impatiens de leur proie, et d'un air de sérénité qu'il ne perdit jamais : *marchons.* Il descend, traverse des portes chargées de verroux qu'on ouvre avec fracas, se retourne vers le cachot de sa femme, de sa sœur, de ses enfans, étouffe son émotion, retient ses larmes, et part.... à l'immortalité. Dans sa route, il aperçoit les statues de ses aïeux mutilées, il entend le silence de son peuple, et il récite, avec une foi soumise, les prières des agonisans! Le voilà devant l'autel du sacrifice : on veut lui lier les mains : le Roi s'offense de cette précaution sacrilége ; mais le chrétien, qui a lu dans les regards du ministre du ciel, ne voit plus, dans ce nouvel outrage, qu'un nouveau trait de ressemblance avec celui qui lui réserve une nouvelle couronne, boit le calice jusqu'à la lie, se résigne, pardonne et meurt....

O impiété! reconnais au moins les martyrs que tu as égorgés de nos jours; reconnais ce monarque dont l'âme était si pure, l'esprit si juste et le cœur si droit; cette Reine qui, ne pouvant plus offrir le spectacle de la grandeur heureuse de ses bienfaits, offrait le spectacle de la constance luttant avec l'infortune, et gravait, pour l'immortalité, ces lignes attendrissantes, qui retentiront jusqu'à nos derniers neveux; cette princesse qui ne vivait que pour Dieu et pour son frère; ce royal enfant qui tombe d'un cachot au trône, du trône à la garde d'un bourreau, de la garde d'un bourreau à un poison calculé par la rage, d'un poison calculé par la rage à une lente torture, d'une lente torture à un sépulcre ignoré.

O impiété ! reconnais au moins les martyrs que tu as égorgés de nos jours : reconnais cet auguste Pie VI dont le règne sera une des plus belles époques de la gloire apostolique; ces Pontifes en qui les lumières le disputaient aux vertus, qui, appelés par les meurtriers dans le jardin qui doit être leur tombeau, quittent les degrés du sanctuaire où ils s'étaient réfugiés, et, les mains croisées sur la poitrine, disent comme leur divin maître: je suis celui que vous cherchez : *ego sum quem quæritis*; cette multitude de prêtres, lions pour la foi et agneaux pour la persécution, qui accourent, sur les traces de leurs premiers pasteurs, s'offrir deux à deux aux instrumens de carnage qui vont les réunir dans les mêmes tourmens, et bientôt dans les mêmes récompenses.

O impiété ! reconnais au moins les martyrs que tu as égorgés de nos jours : reconnais ces femmes pieuses et illustres, aïeule, mère, fille, qu'on a vues monter à la même heure, au même trépas, s'abandonnant sans aucun murmure aux ineffables rigueurs de la Providence; ces vieillards qui ne regrettaient, de cette terre de douleurs, que le plaisir d'y secourir l'indigent, traînés à l'échafaud sans qu'on articulât d'autre délit que leur bonté : ces amies dignes d'un meilleur tems, qui rassemblaient entr'elles tout ce qu'il y a de noble, de simple, de généreux, condamnées à périr, parce que leurs bonnes œuvres étaient devenues suspectes ; ce magistrat tout près de rendre au ciel une vie riche de mérites, et à qui on l'ôte un jour plutôt, parce qu'il est atteint d'avoir nourri ses enfans dans l'exil.

O impiété ! reconnais au moins les martyrs que tu as égorgés de nos jours, et auxquels la cité où je parle doit peut-être l'illustration de sa fidélité et le beau titre qu'elle tient de l'estime de son Roi ; reconnais ce vénérable Nuyrate avec le jeune et modeste compagnon de son sacrifice ; ce Garagnon, dont l'église regrette le zèle et les exemples ; ce Baudin qui promettait à son ministère de si abondantes récoltes ; ce Donadieu, l'honneur de la vérité, qui craignait bien plus le mensonge que ses juges ; cet Olive, l'ange de la charité chrétienne, qui craignait d'avoir perdu le jour où il ne soulageait pas un malheureux, qui, même la nuit, se dépouillait de ses vêtemens, pour couvrir à la dérobée les membres souffrans de J. C. Ah ! il est toujours avec vous par sa médiation ; il offre à Dieu, pour vous, le sang qu'il a versé ; il intercède pour ceux qui l'ont répandu ; il a obtenu, de l'auteur de toutes les grâces, de perpétuer, en des successeurs formés à son école, l'esprit qui distingua sa vie et le sacerdoce dont il fut le martyr. Peuples, faites encore des révolutions, et s'il y a un saint de plus dans la famille de nos Rois, oh! que sa mort nous coûtera cher!

Parlerai-je, Messieurs, des immenses funérailles de la Vendée? La Vendée!.... A ce nom, que de nobles et tristes souvenirs se réveillent! Oui, ministres d'un Dieu de paix, nous oserons la dire cette guerre, le plus grand des malheurs et la plus étonnante des entreprises, cette guerre sainte dans son principe et dans son but, cette guerre, ô France! qui t'absolvait au tribunal des nations, lavait ta honte dans ses larmes et couvrait tes plaies de ses lauriers; oui, ministres d'un Dieu de paix, nous oserons la dire cette guerre dont la justice avait trempé les armes, où l'intervention d'en haut frappait tous les yeux de son évidence, où les victoires se rapportaient à leur source; cette guerre, la plus légitime qu'un peuple ait jamais soutenue contre l'instinct du mal; cette guerre où il n'y avait ni solde, ni butin, ni récompense, mais abnégation de tous les intérêts, de toutes les affections, de toutes les volontés; cette guerre religieuse dont la fin n'était point sur la terre, et qui n'offrait de compensation que dans les palmes du ciel; cette guerre de constance surhumaine, sans repos ni trêve, dans laquelle on avait le Roi pour mot d'ordre, la récitation du chapelet pour musique et une croix de bois pour étendard ; cette guerre allumée dans le sang de Louis XVI et qui n'a pu s'éteindre dans le sang de douze cents mille français ; cette guerre monarchique que la guerre étrangère nourrissait au dehors.

Quel est donc celui dont la mort donne la mort à tant d'autres hommes ? Quel singulier privilége de mettre tout en mouvement lorsqu'on n'est plus, de régner encore lorsque son règne est fini, de commander à la guerre, d'être son ministre, et à la dévastation d'être l'exécutrice de la royauté abattue ? Quel droit vraiment incompréhensible, sans le grand Roi par qui les Rois règnent, de secouer les diadêmes du fond de son sépulcre, de réveiller les princes de leur sommeil et les nations de leur léthargie, pour défendre un dogme tutélaire et châtier la révolte ? Les Rois, quoiqu'en dise l'orgueil, sont donc au dessus de nous ; le ciel les a donc empreints d'un caractère que rien n'efface, d'une puissance que rien n'affaiblit, d'une force que rien n'altère ; leur tombeau est donc encore un trône d'où ils dictent la loi et lancent la foudre contre les blasphémateurs, qui insultent aux majestés de la terre. Quelle est donc cette gloire ombragée de cyprès, tour-à-tour objet d'idolatrie et d'exécration, d'enthousiasme et d'horreur ?

Quelles sont ces légions belliqueuses qui se partagent les débris du monde ? Quels sont ces pères désolés, ces mères gémissantes, qui assistent d'avance aux obsèques de leurs enfans ? Quels sont ces enfans, menés à la boucherie, qui étonnent leurs ennemis de leur âge et de leurs coups ? Quel est ce fou célèbre qui parle le mensonge comme sa langue naturelle, affuble de la pourpre sa grandeur d'un jour, confisque à son profit la dépouille sacrée du génie, de la gloire et du tems, commence sa burlesque dynastie, en ravissant à notre espérance, au printems de sa vie, le descendant de trois générations de héros, parce qu'un Condé idolatrait son pays, parce qu'un Condé s'indignait des fers de notre esclavage, parce qu'un Condé avait la soif des grandes actions ? Quel est ce brouillon sanguinaire, qui courbe les peuples sous le joug de ses exactions, se mesure contre une couronne d'épines avec sa couronne de fer, et contre la houlette du pasteur avec son épée de conquérant, opprime les gens de bien qui n'ont plus que le ciel pour vengeur et l'avenir pour asyle, engloutit la morale privée dans le naufrage de la morale publique ? Quel est ce faux grand homme dont le trait distinctif est une obstination indomptable et une volonté de bronze pour l'injustice, qui unit la ruse au despotisme, agite l'Europe jusqu'en ses fondemens, enterre de vieilles monarchies, crée

3 *

de jeunes royaumes, demande à la mer pourquoi elle échappe à sa domination, diffame des Reines irréprochables, mortes de ses outrages à la fleur de leurs ans, assassine à Paris, empoisonne à Jaffa, dogmatise au Caire, incendie à Moscou? Problême vraiment insoluble, sans la justice divine qui l'envoyait, sans doute, punir le plus grand des forfaits. Qu'entends-je? O Providence! Votre doigt a marqué sa chute : le voilà qui abdique un fardeau que le crime seul l'aidait à soutenir, le voilà qui descend de ce monceau de ruines dont il avait fait un trône, le voilà qui tombe de ce piédestal d'ossemens humains, du haut duquel il prétendait être bientôt l'aîné des Rois. Il est au milieu de nous celui que nous désirions, et il nous est d'autant plus cher, que nous avons payé son retour de toutes les épreuves du malheur. Faut-il en être surpris, Messieurs? La postérité des Francs avait laissé mourir son Roi. Hélas! combien d'entre nous furent sans tache dans la plus coupable des révolutions!

Eh quoi! tout se meut de nouveau, la guerre dresse encore ses listes et dénombre ses victimes; il a reparu l'homme fatal pour recueillir de nouveaux désastres; le palais d'Henri IV est désert, des larmes coulent de tous les yeux, les sanglots oppressent tous les cœurs; elle nous accable la lourde chaîne de nos espérances trompées; tout se choque, tout s'embrase, l'Europe en armes combat pour elle-même ; elle est interdite de cette apostasie sans exemple des engagemens de la gloire ; elle ne peut concevoir que la France hésite entre le modèle de toutes les vertus et le modèle de tous les vices, entre un Roi réclamé par quatorze siècles de prescription, et un aventurier qui n'a que la date de ses excès ; entre le protecteur et le désolateur de la religion, entre le génie du bien et le génie du mal, entre les lumières fécondes d'un esprit supérieur, et les éclairs stériles d'une tête frénétique ; entre la dignité tranquille dans l'adversité et la forfanterie turbulente dans la prospérité, entre le démon des batailles et l'ange de la paix, entre l'homme suscité pour détruire et l'homme venu pour réparer, entre la liberté et l'esclavage, entre un français et un étranger, entre Louis XVIII et un parvenu, dont le nom ne doit plus être dans la mémoire ni sur les lèvres des amis de l'ordre et de la vérité. O prodige ! un seul jour terrasse le rebelle : celui qui étourdissait le monde du bruit de ses exploits fuit en silence, abandonnant les siens à la discrétion du vainqueur : celui à qui le royaume de Louis XIV ne suffisait pas, enferme sa honte dans une citadelle ignorée : celui qui avait humilié tous les Rois, humilie son front devant un sénat de ligueurs qui l'obligent à déposer sa couronne flétrie : celui qui avait juré la perte d'une nation rivale, demande un asyle à l'indignation et au mépris : une île lointaine sera la cour du prince des factieux. O Athanase! qui peignis avec tant d'énergie l'usurpateur Magnence, quelles couleurs brûlantes eût répandu, sur le tableau du nôtre, la sainte et vertueuse douleur de ta grande âme!

Qu'on me dise s'il n'y a pas dans cette rapide succession, dans cette rotation d'événemens au dessus de la nature des choses d'ici bas, qu'on me dise s'il n'y a pas une main invisible qui remue et affermit les trônes, par les épouvantables leçons qu'elle donne aux peuples et aux monarques. Adorons-la donc, Messieurs, cette justice qui frappe et cette miséricorde qui guérit; reposons-nous de nos orages à l'ombre de l'autel et du trône; que désormais notre gloire soit l'oubli; mais aussi que chaque français égaré se trouve meilleur lorsqu'il aura été consacrer un repentir aux pieds du Dieu de bonté; rappellons-nous que le caractère du véritable chrétien est dans la pratique sublime de faire du bien à ceux qui nous ont fait du mal; gagnons, à force de charité, ces hypocrites d'une nouvelle espèce, qui, dans leur cruelle pitié, donnent des regrets au passé, des lamentations au présent et des inquiétudes à l'avenir. Toute notre force, tout notre bonheur, toutes nos espérances sont dans notre union; unis, nous sommes encore une nation invincible; cimentons nos destinées par une alliance indissoluble de tous les cœurs; serrons-nous autour d'un Roi dont l'éclatante sagesse perçait les nuages de l'exil, d'un Roi qui imprime, à toutes ses actions, la garantie de la piété, d'un Roi poursuivi par la clémence, comme ses ennemis par l'ingratitude. O France! jette-toi aux pieds de ton sauveur! Si le ciel n'eût pas frappé l'ennemi du genre humain, victime de sa mémoire implacable, tu regretterais peut-être aujourd'hui le méchant d'autrefois : je crois te voir te débattre dans le sang et dans les larmes; je crois voir l'honneur traité comme la miséricorde de notre Roi ne traite pas la perfidie; je crois voir la fidélité inscrite sur les tablettes de la vengeance, ensevelie dans les cachots, égorgée sur les échafauds; je crois voir la religion sans culte, l'église sans ministres, l'agriculture sans bras, le commerce sans aîles, la génération sans avenir, tous les malheurs sans remède; je crois te voir, enfin, rétrograder vers la barbarie ou devenir la proie des étrangers, qui insultent à la misère et se divisent les lambeaux de l'ancienne princesse des nations. O France! jette-toi aux pieds de ton sauveur : sans doute, tu supportes un bien lourd fardeau; mais il est aboli l'impôt homicide de la conscription; tu n'auras plus à offrir tes enfans à la guerre, ni les fruits de tes moissons, ni les sueurs de ton industrie; sois fidèle et chrétienne : avec un Roi comme le tien, tu auras bientôt repris ta place entre les plus tranquilles, les plus heureuses et les plus florissantes nations de l'univers ; tu auras encore sur elles la supériorité d'un grand exemple, la patience qui devient de la force à l'école de l'adversité.

Rallions-nous donc autour de la religion, la citadelle de l'ordre, le boulevard de la puissance et l'arche du bonheur; rallions-nous autour de tout ce qui assure l'empire des mœurs, le règne de la foi, la victoire sur nos passions ; rallions-nous, enfin, par le désir et par la pensée, autour des incorruptibles demeures réservées aux bons Rois et aux sujets fidèles, aux protecteurs des infirmes et aux bienfaitrices des affligés. Les protecteurs et les bienfaitrices des affligés ! Oh ! Messieurs, quelle occasion plus digne de vous, et quelle assemblée plus digne d'elle ! Dieu et le Roi vous regardent : comme le cœur de Dieu applaudira à vos sacrifices ! comme le cœur du Roi sera reconnaissant de vos largesses en faveur de cette nouvelle classe de malheureux, dont les honorables blessures plaident la cause avec la religion et la France ! Oui, Messieurs, la religion et la France : la religion qui inscrira vos offrandes au livre de vie, et la France qui les gravera, avec orgueil, dans le livre des bonnes actions de ses enfans ; la religion qui payera votre charité de ses grâces, et la France de son admiration. Oui, je le répète, la terre et le ciel ont les yeux sur vous : la terre qui attend un exemple de plus, et le ciel qui distingue jusqu'à l'obole du pauvre et le denier de la veuve; la terre où on ne peut espérer le ciel que par l'exercice de la miséricorde; le ciel dont l'héritage n'est promis qu'à ceux qui auront exercé la miséricorde sur la terre.

www.ingramcontent.com/pod-product-compliance
Lightning Source LLC
Chambersburg PA
CBHW060500050426
42451CB00009B/745